TSAI CHIH CHUNG

Lie Tseu

Les Ailes de la Joie

Traduit par
Claude Maréchal

CARTHAME éditions
Les Tattes
74250 Fillinges

DÉJA PARUS :

de Tsai Chih Chung (collection Philo Bédé) :
- *Lao Tseu, le Silence du Sage*
- *Lao Tseu 2, le Retour du Sage*
- *Sun Tsu, l'Art de la Guerre*
- *Tchouang Tseu, le Chant de l'Univers*
- *Confucius, le Message du Bienveillant*
- *Zen, le livre - Liberté de l'Esprit*
- *Zen, les Origines*

de Marc et Michel Bounias (collection Synthèse) :
- *Le Tox "50" ou le Palmarès de la Publicité pour les Toxiques*

de Gabrielle Roth (collection Thèse) :
- *Les Voies de l'Extase - Enseignements d'une Chamane des Villes*

de Pascal Châtelet et Bernard Bovio (collection Synthèse) :
- *Les Dents d'Adam - Manuel à l'usage des dentés, édentés et dentistes*

A PARAÎTRE :

de Michel Bounias (collection Synthèse) :
- *Sous le Soleil des Toxiques*

de Fabien et Patricia Chabreuil (collection Synthèse) :
- *L'Ennéagramme, dynamique de connaissance et d'évolution*

ISBN 2-909830-09-8
ISSN 1242-630 X
Titre anglais : *The Sayings of Lie Zi*
Couverture : Perrissin
Mise en page : Perrissin

Introduction

Seconde philosophie de la Chine après le Confucianisme, le Taoisme représente tout ce qui est spontané, créatif, personnel et non conventionnel. A l'opposé, le Confucianisme représente ce qui est contrôlé, prosaique, public et respectable. Cette division règne depuis les origines de la civilisation chinoise.

Cependant, les deux philosophies ont le même but : celui de mettre de l'ordre dans la vie. Le Confucianisme est tout d'abord un système de gouvernement et de code moral dirigé par l'étude, la pensée et la discipline. L'homme y est le centre de l'Univers, "une trinité avec le Ciel et la Terre". Le Ciel est un pouvoir personnifié aux contours vagues, dirigeant tout comme l'empereur (le Fils du Ciel) dirige les hommes. Le destin est le "décret du Ciel". L'ordre du monde est la contrepartie de l'ordre social.

Pour les Taoistes, l'homme occupe l'humble position des êtres minuscules que l'on peut voir sur les peintures de paysages chinois. Il vit en accord avec une Voie qui ne favorise ni ses ambitions, ni ses pulsions, ni ses principes moraux. S'il désire adhérer à la Voie, il doit se débarrasser du savoir humain, arrêter le jugement, refuser d'imposer sa volonté et ses principes à la Nature, redécouvrir la spontanéité d'un nouveau-né et agir en accord avec les voies de l'Univers.

Bien que reconnu comme l'un des Taoistes majeurs, Lie Tseu reste bien mystérieux. On ne sait d'ailleurs pas à quelle époque il a vécu. Certains pensent vers 600 ans avant J.-C., d'autres vers 400 avant J.-C. Le livre qui porte son nom apparaît vers 300 après J.-C. et se présente comme une suite d'histoires, de maximes et d'essais regroupés en huit chapitres thématiques.

Comparé à certains passages particulièrement complexes des œuvres de Lao Tseu et de Tchouang Tseu – les deux

Taoistes les plus célèbres – le livre de Lie Tseu a le mérite d'être le classique le plus compréhensible du Taoisme. La Voie qu'il expose n'en est pas moins élevée. Son idéal est d'atteindre un état de perception intense et de réactivité dans un monde indifférencié.

"Mon corps est en harmonie avec ma pensée, mon esprit avec mes énergies, mes énergies avec mon esprit, mon esprit avec le vide. Ainsi, je connaîtrai la plus infime chose, le son le plus ténu, qu'ils soient au-delà des huit frontières ou juste devant moi. J'ignore si je perçois par les sept trous de ma tête et mes quatre membres ou par mon coeur, mes tripes et mes organes internes. Cela s'appelle tout simplement co-naître."

"Quand j'arrive au bout de la connaissance de moi-même et de l'extérieur, mes yeux deviennent comme mes oreilles, mes oreilles comme mon nez, mon nez comme ma bouche ; tout est la même chose. Mon esprit est silencieux et mon corps se dissout, mes os et ma peau se confondent au vide. J'en oublie de remarquer sur quoi mon corps et mes pieds reposent. Je pars avec le vent comme une feuille tombée d'un arbre et je ne sais jamais si le vent m'emporte ou si je chevauche le vent."

LIEU TSEU
Les Ailes de la Joie

Parmi les grands classiques du Taoisme, les œuvres de Lao Tseu, Tchouang Tseu et Lie Tseu sont les plus représentatives. Le livre de Lie Tseu est le plus compréhensible.
Sa vision était d'une telle envergure que durant ses quarante ans de vie dans l'Etat de Zheng, pratiquement tout le monde connaissait ses enseignements bien qu'il ait vécu retiré.
Seul le roi ignorait sa grandeur.

Il dit :
Naître au bon moment est une action juste. Mourir au bon moment est une action juste.
Etre né et ne pas chérir la vie, c'est s'opposer au ciel.
Ne pas vouloir mourir au moment opportun, c'est s'opposer au ciel.

Les Dons du Ciel

Trois Raisons d'être heureux

6
Certains hommes vivent longtemps et d'autres meurent jeunes. Et moi, j'ai quatre-vingt dix ans ; c'est ma troisième joie.
7
Pour les humains, une vie remplie de difficultés est la règle et la mort en est la fin.
8
Je me conforme à la règle en attendant ma fin. Y a-t-il quelque chose qui puisse me troubler ?
9
Rong Qiqi sait vivre.
La difficulté, le grand âge et la mort sont considérés comme des fléaux par les humains, mais Rong Qiqi les accepte comme parties intégrantes de la vie. Si vous êtes capable de voir au travers des choses, vous êtes au paradis, sinon, vous êtes en enfer.

La Vie est Activité, la Mort est Repos

C'est parce que je n'ai ni femme ni enfant et que ma mort approche que je peux être si heureux.
6
Il est humain de désirer une longue vie et de fuir la mort. Pourquoi seriez-vous heureux de mourir ?
7
Vie
Mort
La mort est un retour au lieu où nous étions avant de naître. Comment savoir si le jour de ma mort, je ne serai pas en train de naître ailleurs ? Comment savoir si la vie et la mort ne sont pas aussi bonnes l'une que l'autre ?
8
Comment saurais-je si s'accrocher à la vie n'est pas une illusion ?
9
Peut-être serais-je plus heureux maintenant si j'étais en train de mourir ?
10
Merci pour votre sagesse.
Bonne route !
11
Ce vieil homme n'a pas totalement compris la vie et la mort.
12

13
Je suis fatigué d'étudier, je veux trouver le repos.
Il n'y pas de repos pour les vivants.
Alors je ne le trouverai jamais ?
14
15
Tu le trouveras. Regardes ta tombe et apprends que c'est là que tu trouveras le repos.
16
Grande est la mort. L'homme de bien y trouve le repos, l'homme moyen s'y soumet.
17
Les hommes admettent la joie de la vie, mais pas sa misère, la lassitude et non la facilité de vieillir, l'horreur de la mort, mais non son repos.
Mourir, c'est être comme un voyageur qui rentre chez lui. S'il sait uniquement aller de l'avant, mais qu'il ne sait pas revenir, il perd son chemin et ne peut rentrer chez lui.

Pourquoi le Ciel tombe-t-il ?

Le soleil, la lune et les étoiles sont de l'air qui brille dans une accumulation d'air. Même s'ils tombaient, ils ne pourraient blesser personne.
Que peut-on dire de la fin de la Terre ?
!
La Terre n'est qu'une accumulation de sol emplissant le vide dans les quatre directions. Tu marches sur la Terre toute la journée, pourquoi s'inquiéter qu'elle finisse un jour ?
Merci, je n'ai plus de sujets d'inquiétude.
Quand on raconta ces événements à Chang Luzi, il sourit : si le Ciel et la Terre sont des accumulations d'air et de sol, on ne peut dire qu'ils ne périront jamais. Ciel et Terre sont juste des détails plongés dans le vide. Il est certain qu'ils dureront encore longtemps et qu'il est difficile de prédire leur fin. S'inquiéter de leur disparition est bien sûr une erreur, ainsi que de prétendre qu'ils sont éternels.
Les vivants ignorent ce que peut être la mort, les morts ignorent ce que peut être la vie. Naissant, nous ne connaissons pas ceux qui sont partis avant. Mourrant, nous ne connaissons pas ceux qui viendront après. Alors pourquoi s'occuper de la fin de la Terre et du Ciel ?

L'Empereur jaune

Lie Tseu chevauche le Vent

Yin Sheng revint quelques mois plus tard
Pourquoi es-tu revenu ?
8
J'ai éprouvé du ressentiment à votre égard, mais maintenant, c'est fini.
9
Laisse-moi te dire ce que j'ai appris de mon maître.
10
Après trois ans auprès de mon maître,
mon esprit n'osait plus penser du bien et du mal, ma bouche n'osait plus parler de gain et de perte.
11
Tout ce que j'obtenais était un simple regard du maître.
12
13
Au bout de cinq ans, mon esprit pensait à nouveau au bien et au mal, ma bouche parlait à nouveau de gain et de perte, et pour la première fois, mon maître me sourit.
14
Au bout de sept ans, je pouvais laisser aller mes idées sans distinguer le vrai du faux et parler de tout ce qui me venait à la bouche sans plus distinguer gain et perte. Pour la première fois, mon maître m'invita à m'asseoir sur son tapis.

15
Après neuf ans, je pouvais penser et parler de tout sans jamais penser au bien et au mal.
16
C'est seulement à cet instant, qu'arrivé au bout de tout ce qu'il y avait en moi et autour, mes yeux devinrent comme mes oreilles, mes oreilles comme mon nez, mon nez comme ma bouche. Tout était la même chose.
Vue
Ouie
Odorat
17
Mon esprit uni à toute chose et mon corps relaxé.
18
Mes os et ma chair se dissolvèrent dans le vide.
19
Je ne remarquai pas sur quoi mon corps s'étendait ni sur quoi mes pieds reposaient. Je partis avec le vent et ne sus jamais si c'était le vent qui me chevauchait ou si je chevauchais le vent.
20
Cela ne fait même pas un an que tu es mon disciple, et tu es indigné et plein de rancune. L'air refusera de te porter et la terre de supporter un seul de tes orteils, comment peux-tu espérer marcher sur le vide et chevaucher le vent.
Quand l'esprit est tranquille, qu'il ne pense plus en termes de bien et mal, gain et perte, il devient l'esprit universel. Il n'est plus séparé de la nature et il est la montagne aussi bien que l'océan. Pourquoi ne serait-il pas aussi le vent ?

Le Chaman trouve sa Mesure

Hi, Hi !
Maître !
6
Je lui ai juste montré la configuration de ma terre. Mon souffle, comme la vie dans une graine, ne vibrait pas, mais n'avait pas pour autant cessé. Il devrait me voir lorsque je regarde les mouvements naissant de la vertu au fond de moi. Ramène-le.
8
Ne mourrez pas s'il vous plaît. Ji Xian a dit que votre vitalité était partie.
7
Pouvez-vous revoir mon maître ?
9
Votre maître a bien de la chance de m'avoir rencontré. Il va survivre. Je l'ai vu regarder le pouvoir en lui.
10
Je lui ai juste montré ma terre fertilisée par le ciel. Mon esprit était vide, mais le souffle naissant montait de mes pieds. Cela lui a fait croire que je regardais mes pouvoirs. Il devait me voir lorsque la bonté naît en moi. Ramène-le.
11
Votre maître n'a pas jeûné. Je ne peux rien faire. Nous essayerons quand il aura jeûné.
12

13
Je lui ai juste montré le vide absolu dans lequel il n'y a aucun pressentiment de quoi que ce soit. Il devrait me voir lorsque je suis au-delà du souffle. Les tourbillons, les calmes, les courants proviennent des eaux profondes. Des neuf types d'eaux profondes, je ne lui en ai montré que trois.
Ramène-le.
Oui
14
15
Oaouh !
J'ai peur. Il a le pouvoir illimité de se changer lui-même.
Suis-le.
16
17
Il s'est envolé, je n'ai pu le rattraper.
18

19
Je me suis juste montré tel que nous étions avant de nous incarner pour la première fois de notre vie. Avec lui, je me suis dissous dans et hors des choses, dans l'ignorance de ce que nous sommes. Il lui a semblé que les vagues nous avaient englouties. C'est pour cela qu'il s'est enfui.
Je n'ai vraiment rien compris de la Voie...
20
Lie Tseu revint chez lui et ne sortit pas pendant trois ans. Il cuisinait pour sa femme et alimentait ses cochons comme s'ils étaient humains. Toutes les choses devenaient sa famille.
21
Il revint du jade sculpté à la pierre brute, jusqu'à ce que sa forme réelle émerge, détachée de toutes choses. Il était libre de toute attache jusqu'à la fin de sa vie.
22
Vivre sans limites d'aucune sorte est l'état le plus élevé de l'existence.

Le Fardeau de Lie Tseu

Peu de temps après, Bohun Wuren rendit visite à Lie Tseu.
8
L'entrée de Lie Tseu était remplie des chaussures de nombreux visiteurs.
9
Lie Tseu, quelqu'un veut vous voir.
10
11
Maître, ne partez pas sans m'avoir éclairé de votre conseil.
12
Assez ! Je t'ai déjà dit que les autres se reposeraient sur toi. Tu es incapable de refuser cela. Quelle utilité de provoquer un tel effet chez autrui si ta paix en est troublée. Si tu insistes à faire de l'effet, cela affaiblira ton essence.
Ce que vous dites est vrai.
Se mettre en vedette attire l'attention des autres. C'est de la folie, non de la sagesse.

Beauté et Laideur

Le Roi Mu de Zhou

Le Voyage en Esprit du Roi Mu

7
Aussi, le roi fit-il construire un magnifique bâtiment nommé la Tour du Ciel du Milieu qui lui coûta fort cher.
Laissez-moi vous emmener dans un lieu fantastique qui pourra réjouir vos yeux.
Bien !
8
9
Ah ! Je vole vraiment.
10
C'est si beau, ce doit être le Paradis.
11
Non, c'est juste le plus beau des palais.

12
Regardez.
13
J'ai peur !
14
Ah !
C'est l'enfer. Recon-duis-moi !
16
Pitié, recon-duis-moi !
15
17
Pitié, reconduis-moi !
Vous êtes resté ici, vous n'avez pas bougé du tout.
18
Je n'ai pas bougé ? Mais je suis certain d'avoir visité le paradis.
19
C'était un voyage en esprit. Pourquoi votre corps aurait-il bougé ? Pourquoi l'endroit que vous avez visité serait-il différent de votre palais ?

20
Votre Majesté cherche la permanence en son palais, craignant le soudain et l'évanescent.
21
Mais qui peut savoir à quelle vitesse un événement peut basculer dans quelque chose d'autre ?
Je vois...
22
Le roi était ravi. Il cessa de s'inquiéter pour les affaires du pays, de prendre plaisir avec ses concubines et passa son temps en de longs voyages.
23
Il alla jusqu'au palais de l'Empereur Jaune dans les montagnes de Kunlun et rencontra la Reine Mère de l'Ouest.
24
Moi qui suis roi, j'ai négligé la vertu au profit du plaisir. Les générations futures me châtieront-elles pour mes erreurs ?
Pourquoi appellons-nous le roi Mu un homme divin ? Il fut capable d'apprécier au plus haut point son temps de vie, mais il vécut plus de cent ans. On suppose qu'il "s'était élevé dans le ciel".

Lao Cheng Tseu apprend le Secret et le Sublime

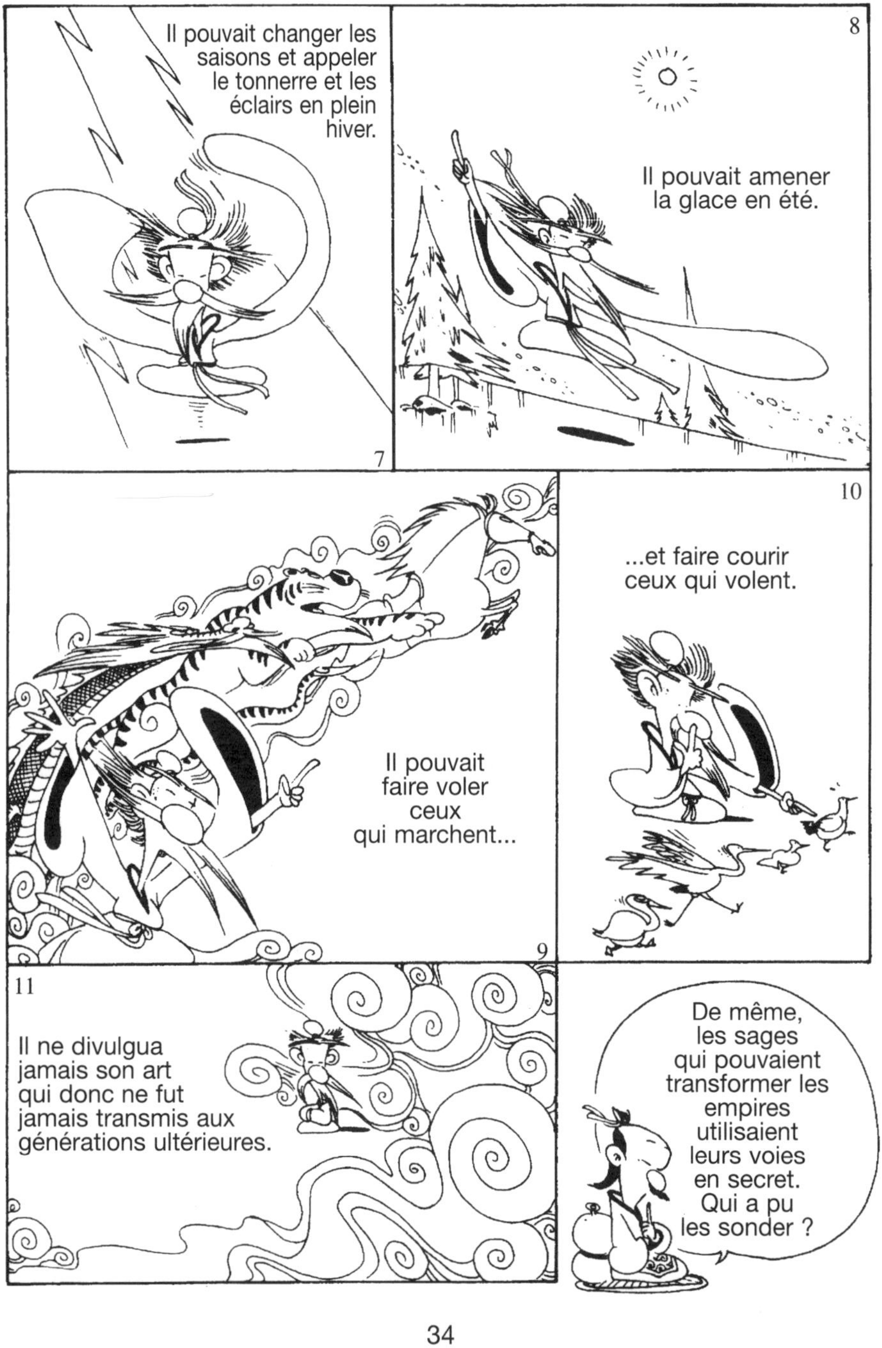
Il pouvait changer les saisons et appeler le tonnerre et les éclairs en plein hiver.
7
8
Il pouvait amener la glace en été.
Il pouvait faire voler ceux qui marchent...
9
10
...et faire courir ceux qui volent.
11
Il ne divulgua jamais son art qui donc ne fut jamais transmis aux générations ultérieures.
De même, les sages qui pouvaient transformer les empires utilisaient leurs voies en secret. Qui a pu les sonder ?

Lie Tseu rêve

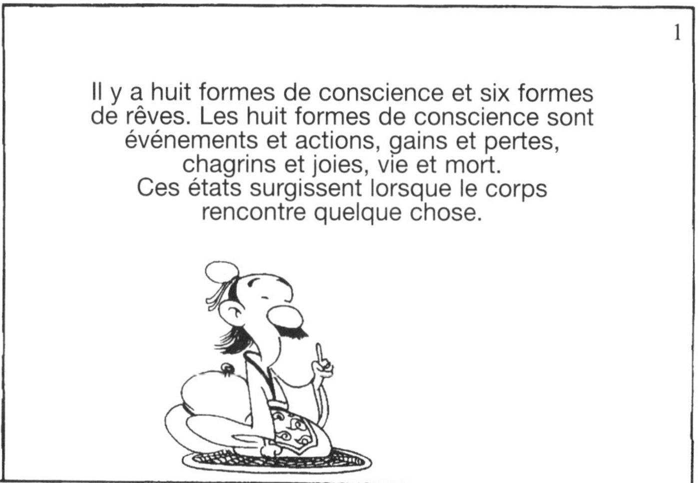

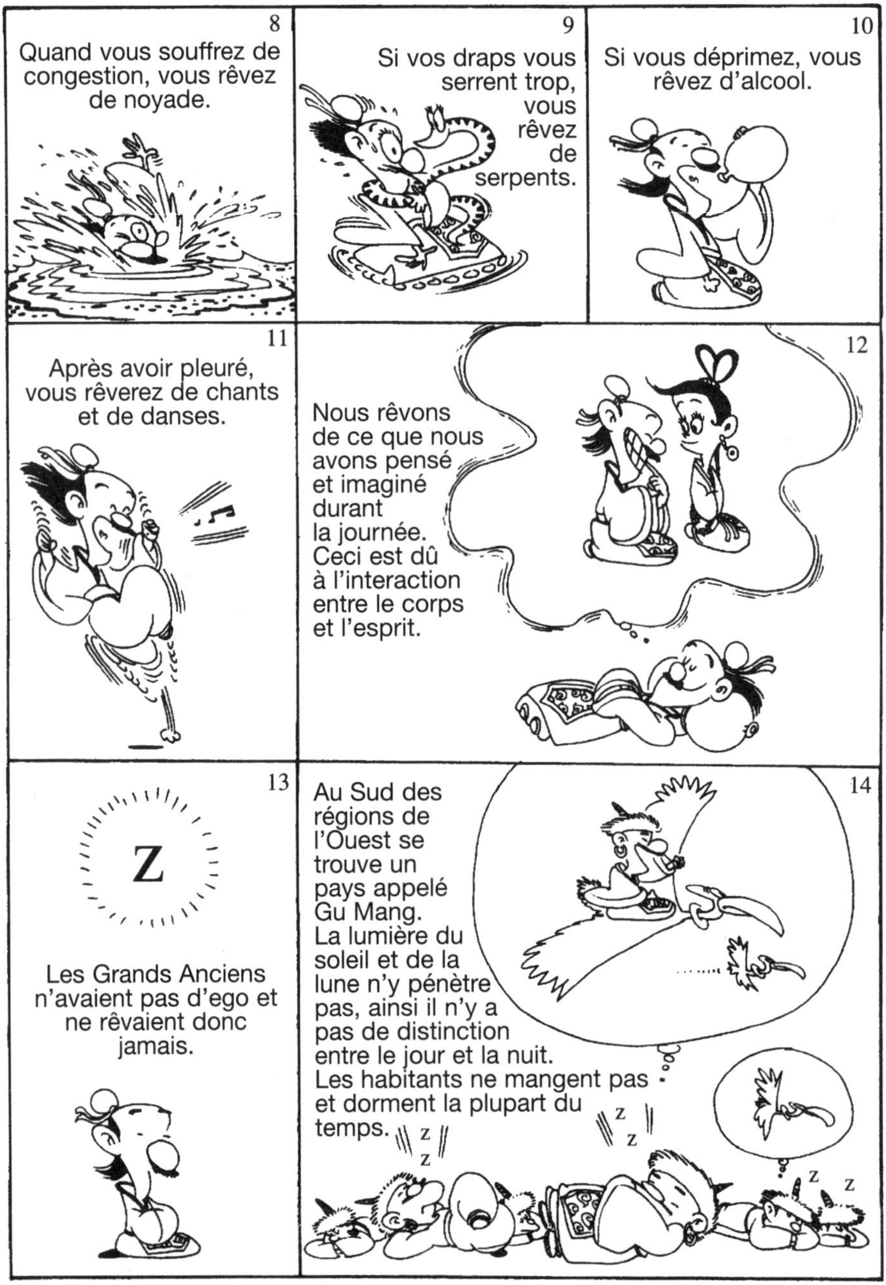
8
Quand vous souffrez de congestion, vous rêvez de noyade.
9
Si vos draps vous serrent trop, vous rêvez de serpents.
10
Si vous déprimez, vous rêvez d'alcool.
11
Après avoir pleuré, vous rêverez de chants et de danses.
12
Nous rêvons de ce que nous avons pensé et imaginé durant la journée. Ceci est dû à l'interaction entre le corps et l'esprit.
13
Z
Les Grands Anciens n'avaient pas d'ego et ne rêvaient donc jamais.
14
Au Sud des régions de l'Ouest se trouve un pays appelé Gu Mang. La lumière du soleil et de la lune n'y pénètre pas, ainsi il n'y a pas de distinction entre le jour et la nuit. Les habitants ne mangent pas et dorment la plupart du temps.
z z
z z
z z

15
Ils pensent que leurs rêves sont la réalité et que l'état de veille est irréel.
z z z z
16
Il y a un pays nommé Empire du Milieu (la Chine). Yin et Yang y sont en harmonie, ainsi, il y a alternance du froid et du chaud. Ombre et lumière y sont en harmonie, ainsi il y a alternance du jour et de la nuit.
17
Les habitants y alternent veille et sommeil et pensent que ce qu'ils voient le jour est réel et que ce qu'ils voient en rêve est irréel.
z z
18
Dans un pays nommé Fu Le, il fait toujours chaud. Les gens y mangent tout le temps, ils ne dorment jamais. Ils sont durs et fiers, le fort y oppresse le faible.
19
20
Je ne sais pas ce qu'est le rêve. La nourriture est la seule réalité.
21
Rêver, être éveillé : lequel est réel, lequel ne l'est pas ? Ceci est au delà de la compréhension ordinaire.
La vie est comme un rêve. Dans le jeu du réel et de l'illusion, comment savoir si vous ne rêvez pas maintenant. Comment savoir si vos rêves ne sont pas plus proches de la réalité ?
z z

Joie et Tourment

Eprouvé par ses affaires, Monsieur Yin rêvait qu'il était un esclave.
Mon Dieu ! Encore un cau-chemar !
De par vos richesses, vous croyez être au-dessus des autres. Rêver que vous êtes un esclave est un réajustement nécessaire.
Pouvez-vous sérieusement espérer tout avoir ?
Après cela, Monsieur Yin cessa d'écraser ses serviteurs.
Ne travaillez pas tant, reposez-vous !
Il réduisit aussi ses propres responsabilités. De ce fait, l'harmonie vint dans sa maison et tous les troubles disparurent.
Tout ce qu'il y a dans votre esprit se retrouve dans vos rêves. Si votre esprit est en paix à l'état de veille, il sera en paix pendant vos rêves.

Rêve ou Réalité ?

8
Tout ce que je sais, c'est que je l'ai trouvé. Pourquoi me demander qui de nous deux rêvait ?
C'est vrai !
9
L'homme qui avait tué le cerf vit en rêve où il l'avait caché.
10
Il rêva aussi qu'un homme le lui avait volé.
Z Z
11
Est-ce un rêve ?
Ou la réalité ?
12
Allons voir si je retrouve le cerf.
13
Voleur !
Mais je l'ai trouvé.
14
L'affaire fut portée en justice.
15
Au début, le cerf est à vous, puis vous croyez avoir rêvé. Vous rêvez et vous découvrez que c'est la réalité. Tout ce que je vois, c'est que nous avons un cerf. Partagez-le donc.
Les atermoiements du bûcheron sont comparables au gain et à la perte dans la vie quotidienne. Ceci est aussi illusoire qu'un rêve.

Perte de Mémoire

Il insulta et battit son fils sans raison.
Idiot !
9
10
Il poursuivit le confucéen avec une hache.
Arrête, tu vas tuer quel-qu'un.
Laisse-moi faire.
11
12
Pourquoi deviens-tu si violent ?
13
Avant, je n'avais aucun souci. Je ne m'occupais ni du ciel ni de la terre. Maintenant, je me souviens et tous les désastres et les victimes, les gains et les pertes, les joies et les peines de ma vie refont surface en mille confusions.
Hé !
14
Je crains que toutes ces choses ne troublent mon cœur. Trouverais-je jamais un moment d'oubli ?
C'est l'homme qui a inventé les concepts de gain et perte, joie et peine, bien et mal. Pour atteindre une vie de liberté, nous devons sortir de ces états de dualité.

Qui est normal ?

Les Tours de l'Esprit

!
Oh !
Ha ! Ha ! Ha ! C'est trop drôle !
Je t'ai abusé. Nous sommes toujours à Qin.
!
Hi ! Hi !
Farceur !
Quand il arriva finalement à Yan et qu'il vit réellement la capitale, le temple, la maison de ses ancêtres et la tombe de son père...
... il fut beaucoup moins ému.
La peine est simplement un état d'esprit, elle n'est pas justifiée par les circonstances. Que vous soyez triste ou non face à un événement, c'est toujours une construction de l'esprit.

Confucius

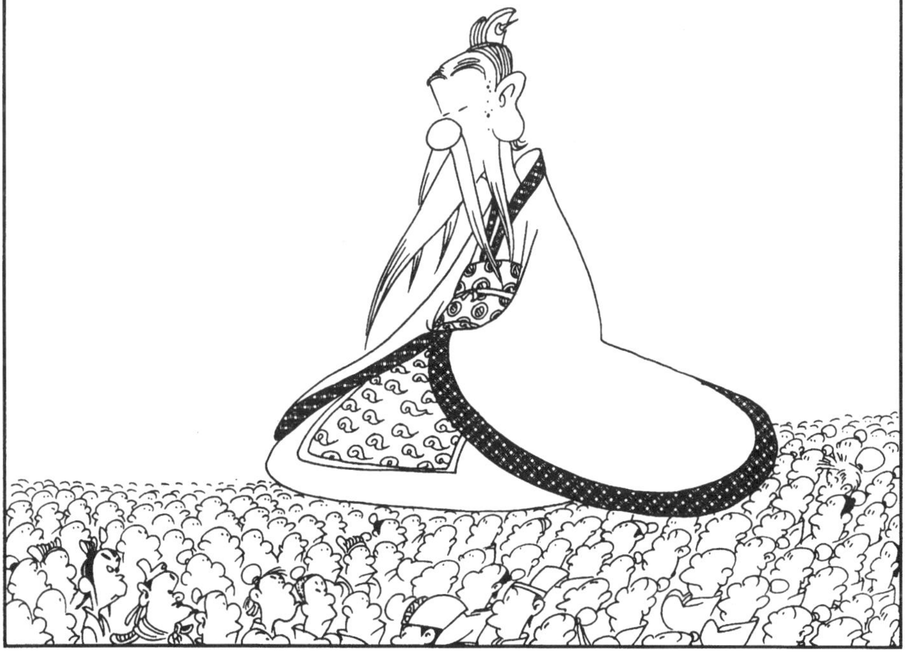

Qui est un Sage ?

6
Les Trois Majestés étaient-elles des sages ?
7
Les Trois Majestés savaient s'adapter aux événements, mais étaient-elles des sages ?
Alors qu'est-ce qu'un sage ?
8
Dans les régions de l'Ouest, il y a un sage. Il ne gouverne pas, ainsi il n'y a pas de désordre ; il ne parle pas, ainsi on le croit spontanément ; il ne mène pas de réformes, ainsi son influence est fort grande.
9
Il est si grand que nul ne peut lui donner un nom. Je pense qu'il est un sage, mais je ne sais pas si cette histoire est vraie.
Confucius me déçoit !
10
D'habitude, un sage est quelqu'un qui est reconnu comme tel par les autres. Quand quelqu'un se proclame un sage au service de la société et de la nation, il ne fait que rechercher son intérêt personnel.

Les Défauts des Disciples

8
Yan Hui est gentil, mais il est impulsif.
9
Zi Kong est éloquent, mais ne sait pas tenir sa langue.
10
Zi Lu est brave, mais manque de prudence.
11
Zi Zhang est digne, mais il ne sait pas se détendre.
12
Même si je pouvais avoir tous leurs talents, je n'échangerai pas ma place. C'est pour cela qu'il est juste qu'ils me servent.
Un maître maintient sa position sur ses disciples par l'étendue de sa vision. Quels que soient leurs talents, ils ne peuvent surpasser sa sagesse.

Le Plaisir du Voyage

Les Questions de Tang

Les Choses de la Création

Dans le royaume du Seigneur Dragon, les gens mesurent dix mètres de haut.
J'ai trois mètres de moins que les autres et on me traite de nain.
6
A l'Est de la Chine, au royaume de Yao, les gens mesurent cinquante centimètres.
Au Nord-Est, le peuple Zheng mesure vingt-cinq centimètres.
7
Le temps reconnaît-il des distinctions entre long et court ?
8
Dans l'Océan du Sud existe une espèce de tortue qui vit longtemps. Elle grandit pendant un printemps de cinq cents ans et vieillit au long d'un automne de cinq cents ans.
9
Dans les temps anciens vivait un arbre dont le printemps et l'automne avaient chacun huit cents ans.
10

11
Certains insectes naissent le matin et meurent le soir.
12
Y a-t-il des distinctions entre grand et petit, long et court pour les choses ?
Laissez-moi vous expliquer.
13
Dans l'Océan du Nord, un poisson nommé Kun a une taille gigantesque.
Il y a aussi un oiseau nommé Peng dont les ailes sont comme des nuages.
14
Près des berges du Changjiang, un insecte nommé Jiao Ming vit sur les cils des moustiques sans que ceux-ci ne s'en aperçoivent.

Afin de voir les insectes, l'Empereur jaune et Rong Chengzi méditèrent en jeûnant pendant trois mois.
15
Ils virent alors que le Jiao Ming était énorme et produisait un bruit de tonnerre.
16
Qu'est-ce qui est utile et inutile ?
On ne peut le dire avec certitude.
17
Dans les pays de Wu et Chu pousse un arbre nommé pomelo. Sa peau et son jus sont utiles à la santé.
18
Le même arbre planté au Nord de la rivière Huai ne produit que des petits fruits immangeables.
19
Je comprends maintenant. Ce n'est que lorsqu'on compare les choses que les distinctions long-court, haut-bas, grand-petit, manifestation-vide, apparaissent. L'esprit ne peut être libre qu'en arrêtant de juger et de comparer.
20
La création produit des myriades de formes. Peu importe celles dont on s'occupe et que l'on utilise pour vivre bien.

Déplacer les Montagnes

Tu es déjà si vieux. Même si tu travailles jusqu'à la mort, tu n'y arriveras pas.
Que pouvez-vous faire avec ces rochers ? A moins de réussir un effort impossible, vous échouerez.
C'est toi qui est stupide. Même si je meurs, j'ai des fils et des petits-fils.
Mes descendants se multiplieront alors que les montagnes ne grandiront pas. Où est donc la difficulté ?
L'esprit des montagnes apprit cette détermination. Emu par tant de sincérité, il demanda aux deux fils de la déesse de la montagne de faire le travail.
Quelle que soit la difficulté d'une tâche, vous ne pouvez connaître vos capacités qu'en vous investissant totalement. Avec de la détermination, on peut même bouger les montagnes.

Kua Fu chasse le Soleil

6
Sa soif n'étant pas étanchée, il courut vers le Nord pour boire le Grand Marais.
7
Aie !
8
Mais il mourut de soif avant d'atteindre son but.
Hi ! Hi !
9
Les jours et les années passèrent.
10
Le Soleil et les éléments désintégrèrent son corps.
11
Bientôt, son corps devint la nourriture d'autres êtres vivants qui poussèrent sur lui.
On doit connaître sa force et ses limites et ne jamais s'épuiser. Quiconque défie la nature en paiera les conséquences.

Traditions et Coutumes

L'Esprit du Luth

6
Ce n'est ni la corde que je n'arrive pas à accorder ni l'air que je ne peux jouer. Ce que j'ai dans l'esprit n'est pas la corde, ce que je cherche n'est pas dans les notes.
7
Si je ne le trouve pas dans mon cœur, je ne peux le jouer. Pour cela, je n'ose plus toucher une seule corde.
8
Wen quitta son maître, puis revint quelques temps après.
9
Comment vas-tu ?
J'ai trouvé. Je vais vous montrer.
10

11
!
12
C'était le Printemps, il joua la note du huitième mois sur la corde de l'Automne. Un vent froid arriva et les feuilles tombèrent des arbres.
13
A l'Automne, il joua la note du second mois sur la corde du Printemps. Une brise chaude arriva et les arbres se couvrirent de fleurs.
14
Pendant l'Eté, il joua la note du onzième mois sur la corde de l'Hiver. Le froid et la neige arrivèrent et les rivières et les lacs gelèrent.
15

16
En Hiver, il joua la note du cinquième mois sur la corde de l'Eté. Le soleil se fit brûlant et la glace et la neige fondirent.
Qu'en dites-vous ?
C'est sublime !
17
Ni le maître Guang ni Shou Yan ne pouvaient rien y ajouter. Guang causa une sécheresse qui dura trois ans et Shou Yan réchauffa une région du Grand Nord. Maintenant, ils n'ont qu'à prendre leurs instruments et te suivre.
18
Une personne de bien n'est pas concernée par les événements extérieurs, mais par ce qui se passe en elle. C'est sa pure conscience qui lui permet de pénétrer le cœur des choses.

Chanter avec l'Ame et le Cœur

6
Même les nuages s'arrêtèrent.
8
9
Xue Tan présenta ses excuses
et demanda la permission de rester.
Il n'osa jamais parler de rentrer
chez lui pour tout le reste de sa vie.

10
Son maître lui dit : une femme nommée Han Er vivait à Huan. Elle tomba à court de ressources en allant vers l'Est de Qi.
11
Elle entra dans la capitale par la Porte de la Concorde et se mit à chanter pour mendier.
12
Après son départ, ses notes restèrent audibles pendant trois jours. Les passants la croyaient toujours là.
13
Un aubergiste l'insulta.
14
Elle gémit alors en une lente complainte.
15
Tous les gens du quartier, jeunes et vieux, furent submergés par les larmes.

16
Ils furent si émus qu'ils ne mangèrent pas pendant trois jours.
17
Ils allèrent la chercher.
18
19
20
Elle leur chanta une ballade et tous, jeunes et vieux, dansèrent avec joie, oubliant leurs trois jours de tristesse. Ils la laissèrent partir en la comblant de cadeaux.
21
C'est pour cela que de nos jours, les gens de la Porte de la Concorde sont encore de très bons chanteurs, prenant pour exemple la mémoire de Han Er.
Ce qui vient du plus profond de soi ne peut que toucher les autres et le temps n'y changera rien.

Un Ami de Cœur

4
Bo Ya joua avec des eaux fougueuses dans son esprit.
Superbe ! C'est comme la rivière Jaune et le Changjiang.
5
Un jour, alors qu'ils se promenaient au Nord du mont Taishan, ils furent pris dans une tempête.
6
Bo Ya se mit à jouer et composa d'abord un air sur la pluie.
!
7
C'est comme des gouttes de pluie...
8
C'est comme le crépitement de l'eau...
9
C'est comme un torrent...

10
Bo Ya improvisa le son d'une avalanche.
Fantastique ! Le son de ton luth reflète les sons de notre environnement.
11
Maintenant, c'est comme une avalanche.
12
Tu écoutes merveilleusement. Ce que tu ressens est juste ce qu'il y a dans mon esprit. Mes notes ne peuvent être mieux accueillies.
Vraiment ?
Les sensations du cœur passent de manière non verbale. Il peut y avoir compréhension entre deux êtres, bien qu'aucun mot ne soit prononcé. Un ami de cœur est dur à trouver. Mais quand il existe, rien ne peut manquer.

L'Archer sublime

7
Au bout de deux ans, il ne clignait plus
des yeux même face à des pointes acérées.
8
Ensuite, tu dois apprendre à regarder. Reviens quand tu pourras voir grand ce qui est petit, net ce qui est flou.
9
Ji Chang attacha une puce devant sa fenêtre et se mit à la regarder.
10
Au bout de trois mois, il la voyait grande comme une mouche, au bout d'un an grande comme un cochon.
11
Au bout de trois ans, il la voyait aussi grande qu'un buffle.
12
Il devint capable de voir un cheval aussi gros qu'une montagne.

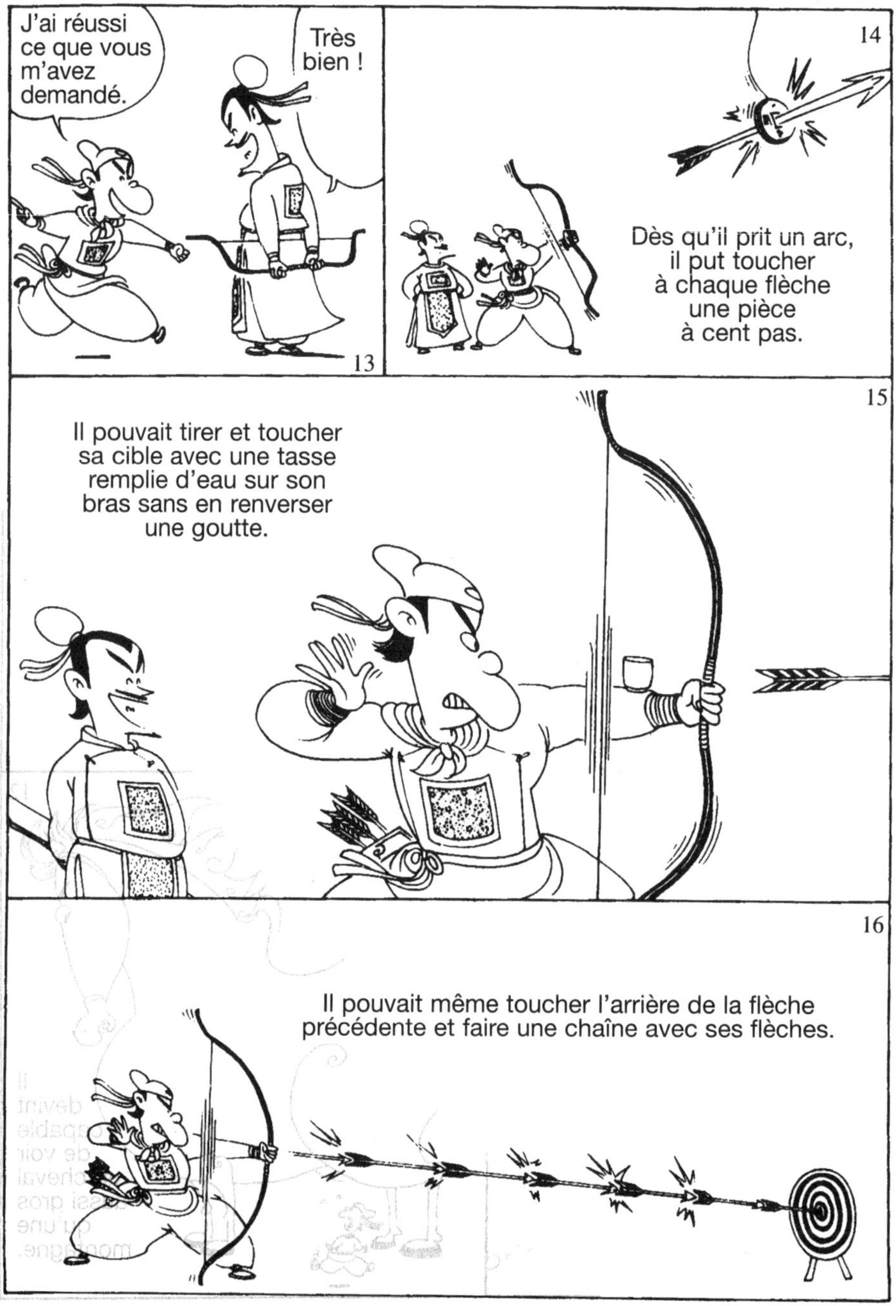
J'ai réussi ce que vous m'avez demandé.
Très bien !
13
14
Dès qu'il prit un arc, il put toucher à chaque flèche une pièce à cent pas.
15
Il pouvait tirer et toucher sa cible avec une tasse remplie d'eau sur son bras sans en renverser une goutte.
16
Il pouvait même toucher l'arrière de la flèche précédente et faire une chaîne avec ses flèches.

17
Quand il revint chez lui, sa femme le reçut très mal.
Tu ne travailles pas et tu passes ton temps à tirer !
18
Ji Chang lui coupa quelques cils avec une flèche qu'elle n'avait pas eu le temps de voir venir.
19
Ji Chang se considérait comme le plus grand des archers.
Fei Wei
Un seul homme pouvait être son rival.
20
21
Un jour, il rencontra Fei Wei et le provoqua en duel.
22
Leurs flèches se rencontrèrent à mi-chemin et tombèrent sur le sol.
!

23
Fei Wei arrêtait facilement chacune des flèches de Ji Chang.
Aie ! Je n'ai plus de flèche.
24
Rencontre ton destin !
25
26
Fei Wei arrêta la flèche avec ses dents !
Ho !
27
28
Les deux hommes tombèrent dans les bras l'un de l'autre et se jurèrent d'être comme père et fils. Ils firent ainsi la paix et décidèrent de ne jamais révéler leur art à d'autres hommes.

29
Je t'ai transmis tout mon savoir. Si tu veux le talent suprême, tu dois rencontrer le maître Gan Ying.
30
Face à son talent, le nôtre n'est que jeu d'enfant. Il habite une montagne lointaine.
31
Ji Chang partit aussitôt.
32
Après d'incroyables aventures, il rencontra Gan Ying.
33
Etes-vous le maître Gan Ying ?
Exac-tement.

34
Que pensez-vous de mes talents ?
35
Alors ?
Pas mal.
36
Mais tu as encore besoin d'une flèche. Ce n'est pas le talent suprême.
37
As-tu appris à tirer sans flèche ?
38
Mais c'est impossible !
39
Suis-moi.

40
Ouh !
41
Maintenant, montre-moi ton talent.
Non ! Pas ici !
42
Je vais te montrer l'art véritable.
Où sont votre arc et vos flèches ?
43
Tant que tu en as besoin, tu n'as rien compris.
44
Des-cends !
!
45
L'art suprême ne nécessite ni arc ni flèches.

46
Ji Chang resta neuf ans avec Gan Ying. Personne ne sut jamais ce qu'il avait vraiment appris.
47
Quand il partit, il était complètement transformé. Toute impertinence l'avait quitté.
48
Ji Chang, tu es maintenant un archer sans égal. Je suis indigne de toi.
Pas du tout.

49
Les gens voulaient qu'il leur montre son art, mais il n'en fit rien, il ne toucha ni arc ni flèche.
50
Ji Chang, montre-nous !
Pourquoi ne tires-tu pas ?
51
Bouger sans se mouvoir, parler sans un son, tirer sans flèche, pourquoi tirerais-je ?
52
Ji Chang vécut en paix encore plus de quarante ans. On disait que de son toit s'élevaient un arc et une flèche invisibles dont même les oiseaux n'osaient s'approcher.
Le meilleur archer n'a pas d'ego. Il vit la complétude.

L'art du Cocher

6
Lorsque tu courais, ton esprit répondait aux sensations de tes pieds.
Tu dois contrôler la bride à partir du mors.
7
Tu dois la tendre ou la relâcher en sentant le coin de tes lèvres.
8
Ton cœur doit décider et le mouvement doit venir de tes paumes. Ce que tu sens au plus profond de ton cœur sera en accord avec les chevaux.
9
Si tu réponds avec la bride à ce que tu sens dans le mors, avec la main à ce que tu sens avec la bride, avec l'esprit à ce que tu sens dans ta main, tu verras sans les yeux et conduiras sans fouet.
10
11
L'esprit détendu et le corps droit, tenant six brides sans les confondre, tu pourras placer les vingt-quatre sabots là où tu le veux, avancer, tourner et t'arrêter avec une précision parfaite.
L'action juste apparaît quand l'esprit et le corps deviennent un tout indivisible. La main du cocher répond au cœur sans le moindre contretemps.

La Vengeance d'un Fils

8
Cette larve de Lai Dan veut se venger, je suis prêt à le recevoir.
Ouh !
9
C'est sans espoir, je n'ai aucun moyen de venger mon père.
10
J'ai entendu dire que le grand-père de Kong Zhou de Wei avait reçu les épées des empereurs Yin. Un enfant peut tenir tête à une armée avec l'une de ces épées. Vas le voir !
11
Lai Dan alla visiter Kong Zhou, et avant de lui faire sa demande, il se soumit à lui en lui offrant sa femme et ses enfants comme esclaves.
J'ai trois épées, mais aucune d'elle ne peut tuer quelqu'un.
12
On appelle la première épée Récipient de Lumière. Elle est totalement invisible. Lorsqu'elle frappe quelqu'un, il n'y a pas de blessure, elle transperce la victime sans que celle-ci ne s'en aperçoive.
La seconde se nomme Réservoir des Ombres. Si, juste à l'aube, tu l'examines soigneusement, tu verras qu'il y a quelque chose, mais tu ne pourras en voir la forme. Lorsqu'elle frappe, elle émet un sifflement et elle traverse sa victime sans la blesser.
13

On appelle la troisième épée Trempée par la Nuit. Le jour, on voit son ombre mais non son éclat, la nuit son éclat mais non sa forme. Elle frappe avec un bruit de déchirure, mais la blessure se referme tout de suite. La victime ressent une douleur, mais il n'y a aucune tâche sur la lame.
14
Ces trois trésors ont traversé trente générations sans avoir été utilisés. Je les ai gardé dans leurs étuis sans jamais en rompre les sceaux.
15
Quelle épée veux-tu ?
La troisième.
16
Kong Zhou jeûna avec lui une semaine, puis remit l'épée à Lai Dan le septième soir.
17
Lai Dan partit à la recherche de Hei Luan.
18
19
Il profita d'un moment ou Hei Luan cuvait son alcool pour assouvir sa vengeance.
z
z
Voilà ma chance !
20

21
Je vais le tuer !
Il lui asséna trois coups d'épée du cou à la taille.
z
z
Qu'as-tu fait à mon père ?
22
Je vais te faire la même chose.
Mais que fais-tu ?
23
24
Pourquoi tous ces mouvements ridicules ?
Cette épée ne peut vraiment tuer personne.
25
26
Même si je ne l'ai pas tué, j'ai assouvi ma vengeance.
Une épée qui pouvait terrasser une armée entière dans le passé ne sert plus à rien. De même, certains anciens dictons ne sont plus applicables aujourd'hui.

Effort et Destin

Effort Destin

Destin

Yang Bu demanda à son frère aine Yang Zhu :
Prenons le cas de deux hommes qui sont semblables comme des frères en âge, langage, talents et apparence, et qui sont dissemblables comme père et fils pour le jour de leur mort, leur rang, leur réputation, l'affection que leur portent les autres.
Cela me rend perplexe.
C'est une affaire de destin.
Tout ce qui dépasse notre compréhension est affaire de destin. Celui qui croit au destin ne fait aucune différence entre une longue vie et une vie courte. Celui qui écoute son esprit ne conçoit ni plaisir ni douleur.
Il n'y a rien qu'il ne croie ou ne croie pas.
Il est vrai, il vit son essence. Que peut-il fuir ou approcher, aimer ou haïr, faire ou ne pas faire.
L'homme accompli n'accorde aucune pensée au pourquoi de sa vie et de ses actes. Il ne change ni ses sentiments ni son expression lorsqu'on le regarde. De même, il ne change pas non plus quand on ne le regarde pas. Il s'en vient et s'en va seul. Qui peut le contrarier ?

S'accrocher à la Vie et fuir la Mort

7
Si par le seul mérite, nous pouvions nous
accrocher à la vie, vos ancêtres Tai Gong et le Duc Huan seraient éternels. Et si le courage suffisait, le Duc Zhuang et le Duc Ling seraient toujours parmi nous.
8
Si ces princes étaient encore en vie, votre altesse travaillerait actuellement dans les rizières et n'aurait pas le temps de penser à la mort. A quoi devez-vous d'être sur votre trône ?
9
Parce que vos ancêtres l'ont occupé l'un après l'autre jusqu'à ce que vienne votre tour. Il est ignoble que vous en pleuriez.
10
Je vois un Duc ignoble entouré de deux ministres flagorneurs. Voilà pourquoi je ris.
11
Le Duc Jing eut honte de sa conduite. Il retrouva ses esprits et offrit à boire à ses ministres.
On doit regarder la vie et la mort en face avec courage et confiance. S'accrocher à la vie et craindre la mort, c'est être comme un voyageur perdu sans espoir de retour.

La Mort n'est pas cause de Chagrin

Yang Zhu

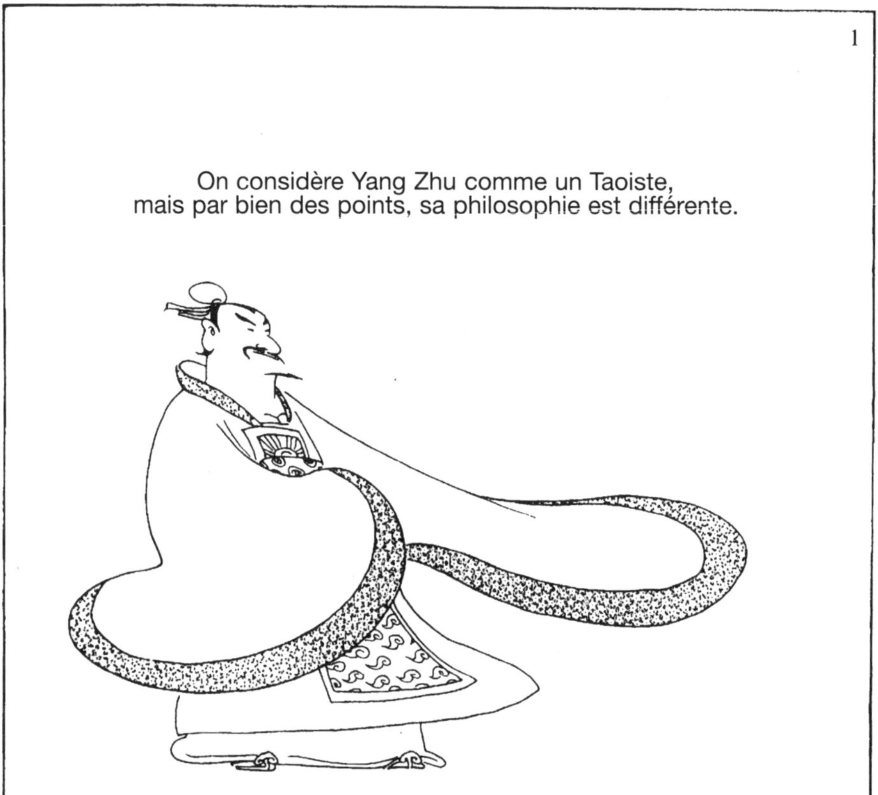
1
On considère Yang Zhu comme un Taoiste,
mais par bien des points, sa philosophie est différente.

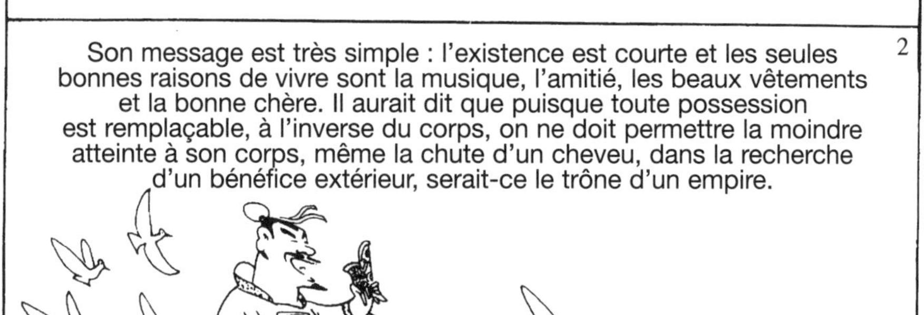
2
Son message est très simple : l'existence est courte et les seules
bonnes raisons de vivre sont la musique, l'amitié, les beaux vêtements
et la bonne chère. Il aurait dit que puisque toute possession
est remplaçable, à l'inverse du corps, on ne doit permettre la moindre
atteinte à son corps, même la chute d'un cheveu, dans la recherche
d'un bénéfice extérieur, serait-ce le trône d'un empire.

Vaine Réputation

7
Faire attention à sa réputation contrarie le corps et fane le cœur. Mais celui qui sait s'en servir fait prospérer ses proches et enrichit son pays, sans parler de ses descendants.
8
Mais celui qui soigne sa réputation doit être honnête, s'il est honnête, il deviendra pauvre. Il doit être humble et s'il est humble, il n'atteindra jamais un rang élevé.
9
Quand Guan Zhong était Premier Ministre de Qi, il était lubrique quand son maître l'était, extravagant quand son maître l'était. Il s'accordait à lui en pensée et en paroles et de cette façon, l'état conquit l'hégémonie. Mais après sa mort, la famille Guan était toujours la famille Guan.
10
Quand Tian Heng était Premier Ministre de Qi, il était modeste quand son maître était arrogant, généreux quand son maître était avare. Le peuple le rejoignit, il devint le maître de Qi et ses descendants occupent encore son trône.

Ainsi, si vous collez à votre réputation, vous serez pauvre et si votre réputation n'est que prétention, vous serez riche.
Exact.
La réalité n'a rien à voir avec la réputation, la réputation n'a rien à voir avec la réalité. La réputation n'est que prétention.
Yao et Shun proclamèrent qu'ils désiraient céder l'empire à Xu Yu et Shan Chuan et acquirent ainsi une réputation de générosité. En fait, ils gardèrent l'empire. Ils gagnèrent ainsi une bonne réputation sans perdre un empire.
Bo Yi et Shu Qi donnèrent réellement le fief de Gu Zhu et moururent de faim sur le mont Shou Yang.
On ne peut mieux exprimer la différence entre prétention et réalité.
On ne peut tout avoir. Si l'on veut garder une bonne réputation, on doit arrêter de chercher statut social et richesse. Si l'on veut statut et richesse, il faut savoir que c'est au prix de son intégrité.

La Vie est courte

Allons-nous gaspiller notre vie à poursuivre l'impermanent ?
8
On ne pourra plus alors distinguer bien et mal.
9
On ne pourra plus apprécier la beauté que nous avons sous les yeux.
10
Ne pouvoir mener une vie paisible, est-ce bien différent d'être un criminel ou un paria ?
11
Nous sommes vivants un moment et mort longtemps. Ainsi, nous devons suivre les mouvements de nos cœurs et ne pas restreindre nos envies.
12
Nous devons aller là où notre nature nous conduit et ne pas nous rebeller contre les influx de la vie. En suivant notre nature, nous vivons l'harmonie avec la création.
13
Pour celui qui ne cherche ni bonne réputation dans la vie ni gloire après sa mort, la durée de son existence importe peu. Contentez-vous de vivre et d'y trouver du plaisir.

La Vie et la Mort

6
Que notre vie dure dix ou cent ans, nous mourrons tous.
7
Les saints et les sages meurent, les méchants et les idiots meurent.
Dans la vie, ils étaient Yao et Shun, dans la mort ils sont des os pourris.
8
Dans la vie, ils étaient Jie et Zhou, dans la mort, ils sont des os pourris.
9
Les os pourris sont tous semblables, qui peut les reconnaître ?
Dépêchez-vous de profiter de la vie. Pourquoi s'occuper de ce qui arrive après la mort ?

Richesse et Pauvreté sont dangereuses

Fou ou intelligent

6
Quand il voyageait, il allait où il voulait sans se soucier ni de la longueur ni des périls du voyage.
7
Tous les jours, il invitait des centaines de gens à sa table.
8
Le feu ne s'éteignait jamais dans ses cuisines.
Il distribuait les surplus de ses extravagances d'abord à ses proches, puis dans sa ville, et finalement dans tout le pays.
9
10
Lorsqu'il atteignit l'âge de 60 ans et que ses forces commencèrent à l'abandonner, il quitta la conduite de ses affaires et fit don de ses trésors.

11
Il se débarassa de ses concubines et de toutes ses possessions. Au bout d'un an, il avait tout donné et ne laissait rien à ses enfant et petits-enfants.
12
Héritage ? Quel héritage ?
13
Quand il tomba malade, il n'avait plus de remèdes en réserve.
14
Lorsqu'il mourut, il ne restait plus d'argent pour ses funérailles. Les habitants de toute la contrée, qui avaient tant apprécié sa bonté, se cotisèrent pour l'enterrer et pour restaurer les biens de ses enfants et petits-enfants.
15
Duanmu Shu était un fou. Il déshonnora la mémoire de son ancêtre, le disciple de Confucius.
Qin Guli dit à son sujet :
16
Les qualités de Duanmu Shu dépassèrent celles de son ancêtre. Ses actions heurtèrent les gens du commun, mais la raison pure les approuve.
Quant à Duangan Sheng, il dit :
Tchouang Tseu prônait la compréhension de l'être intérieur, Yang Zhu prônait de jouir jusqu'au bout des cadeaux du monde. Alors, quel est le but de la vie ?

Vivre et mourir

Ne pas sacrifier un Cheveu pour sauver le Monde

Un cheveu n'est rien comparé à un morceau de peau, un morceau de peau n'est rien comparé à un membre.
8
Cependant, les cheveux sont aussi importants que la peau, la peau est aussi importante que les membres. Vous ne pouvez nier qu'un cheveu a sa place parmi la myriade d'éléments du corps. Pourquoi alors le traiter aussi légèrement ?
9
10
Chérissez votre corps.
Je ne sais que dire, mais je sais que Lao Tseu et Guan Yin seraient d'accord avec vous.
Oui !
11
Profitez du monde.
Mais le Grand Yu et Mo Zi seraient d'accord avec moi.
!
Dans les temps anciens, certains ne voulaient sacrifier un seul cheveu pour sauver le monde. Même si on leur offrait des richesses sans limite, ils refusaient de donner un seul cheveu.

Le Grand et le Dérisoire

6
Le grand poisson qui peut avaler un bateau ne nage pas dans les petites rivières.
Les grands oiseaux n'habitent pas les mares.
7
8
Les musiques de Huang Zhong et de Da Lu n'accompagnent pas les danses populaires. Pourquoi ? Parce que leur son est trop loin du commun.
9
C'est pour cela qu'il est dit : "Celui qui mène une action d'envergure ne s'occupe pas de vétilles, celui qui obtient de grands succès n'en obtient pas de petits".
Un enfant peut conduire un troupeau, Yao et Shun ne peuvent conduire une seule chèvre ; cependant, ils dirigent un empire.

Vaines Préoccupations

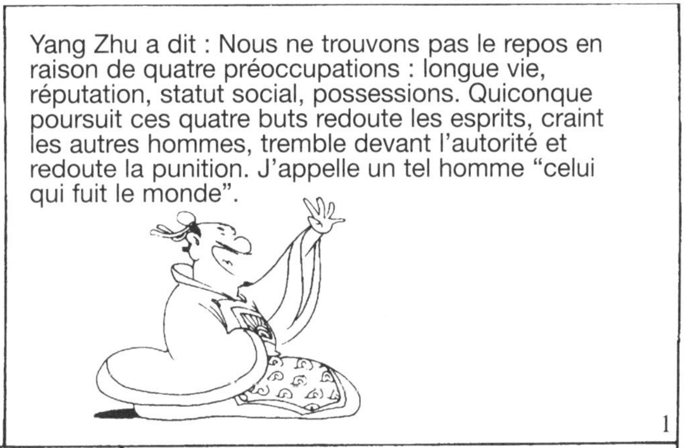

Le Paysan simple d'Esprit
Il y avait dans l'état de Song un paysan dont le manteau en chanvre tressé ne le préservait guère du froid.
1
Le printemps venu, il réchauffait son corps au soleil.
2
Personne ne sait qu'exposer son dos au soleil réchauffe autant. Je vais offrir ce savoir à notre prince qui me donnera beaucoup d'argent.
3
Je veux aller à la capitale et révéler un secret.
N'y vas pas.
4
Ces plantes sont délicieuses
Quel goût horrible !
Un homme aimait les haricots blancs, les graines d'orties et les germes. Il les recommanda à des gens importants qui en eurent le palais blessé et l'estomac retourné.
5
Ils sourirent froidement et lui firent des reproches. Il en fut très blessé. Tu es comme lui.
6
Ce qui est comestible pour un pauvre peut être immangeable pour un riche. On ne peut, en un jour, changer les habitudes de toute une vie.

Expliquer le Monde

Soi et l'Ombre

L'Echo

Guan Yin dit à Lie Tseu :
Ce qui rend tes paroles belles ou laides n'est que leur écho.
1
La longueur de ton ombre dépend de ta propre taille.
2
La réputation est l'écho, la conduite est l'ombre.
3
Le sage connaît le futur par l'étude du passé. Ainsi, il sait tout à l'avance.
4
Nous jugeons par notre expérience et confirmons par celle des autres. Si quelqu'un m'aime, je suis sûr de l'aimer. S'il me hait, je suis sûr de le haïr.
5
Ainsi, Tang et Wu devinrent empereurs parce qu'ils aimaient l'empire. Jie et Zhou perdirent tout parce qu'ils haïssaient l'empire. Voila la confirmation.
6
L'attitude des autres à notre égard est la même que la nôtre à leur égard. C'est comme une ombre : si vous êtes droit, elle est droite. Ou comme un écho qui représente l'essence de ce qui est dit.

Pourquoi suivre le Tao

Lie Tseu apprend l'Archerie

Folie et Sagesse

Surpasser la Nature

Prévoir

Lie Tseu était pauvre et les privations se lisaient sur son visage.
1
Lie Tseu est un homme de Tao reconnu. Si vous le laissez vivre dans la misère, on vous traitera de pingre.
Hum...
2
Portez-lui immédiatement du riz.
Bien
3
Je suis désolé. Remerciez le Premier Ministre Zi Yang, mais je ne peux accepter ce cadeau.
4
Nous sommes pauvres et cela se voit. Le Duc a entendu parler de toi, t'envoie du riz et tu le refuses. Sommes-nous destinés à la misère ?
5
Le Duc ne me connaît pas. Il m'a envoyé du riz sur les conseils d'un autre. S'il me condamnait, ce serait aussi sur les conseils d'autrui. Je ne veux pas être impliqué dans ces histoires.
6
Puis, un jour, le peuple se révolta et tua Zi Yang.
7
Les humains ne peuvent pénétrer les secrets de la Nature. Par contre, un homme de Tao peut comprendre comment les affaires humaines se déroulent et se terminent.

Une brève Histoire de Temps

7
Nous sommes en crise avec les autres états qui ne font que lever des armées. Si je dirige selon les principes moraux, ce sera notre ruine.
8
Il le fit castrer et l'expulsa.
9
L'autre fils alla à Wei et se présenta comme fin stratège au Marquis.
Diriger avec stratégie.
10
Mon état est très faible, si je fais la guerre, je suis sûr de perdre.
11
Le Marquis, craignant qu'il n'offre ses services à ses rivaux, lui fit couper les pieds et le renvoya à Lu.
12
Comment se fait-il que mes fils échouent et que les vôtres réussissent ?
13
"Arrives au bon moment et prospères. Rates le bon moment et péris." Il n'existe nulle part un principe qui soit vrai en toute circonstance ni une action qui soit fausse en toute circonstance. Nous pouvons discréditer aujourd'hui la méthode que nous avons employée hier et l'utiliser demain. Il n'existe pas de vrai ou de faux absolu.
Il n'y a pas de bons ou mauvais principes humains. S'adapter aux changements est une marque de sagesse réelle.

Attaquer ou être attaqué

La Pluie ne dure pas

Chance et Malchance

L'Expert en Chevaux

6
Quand le Duc rencontra le cheval, il vit un étalon noir.
L'homme que tu m'as présenté ne connaît rien aux chevaux !
7
8
Maintenant qu'il a réussi cela, il vaut dix mille fois mieux que moi.
9
Ce qu'il a vu, c'est l'impulsion profonde au travers des mouvements du cheval. Il a vu l'essence et non la forme. C'est ainsi qu'il a oublié la couleur et le sexe de l'animal.
Ha ?
10
On s'aperçut par la suite que c'était un cheval fameux.
Un homme de Tao s'occupe de l'essence et non de l'apparence. Les jeunes gens ne regardent que la beauté d'une femme, un vieil homme est sensible à ses qualités. Compris ?

Plus haut vous montez, plus dure est la Chute

La Mort de deux Idiots

7
8
Au courant de cette histoire, un homme de Yan dit à sa famille
Si vous rencontrez des brigands, n'agissez pas comme ce cuistre de Niu Que.
Peu de temps après, son jeune frère partit pour Qin.
9
!
N'oubliez pas le péage !
10
Si je les laisse faire, j'aurai le même sort que Niu Que.
11
Essayez seulement. Prenez ça !
Un contre trois, tu es perdu.
12

Oulah !
Ha ! Ha !
13
Ne partez pas ! Rendez-moi mon bien !
!
14
15
Rendez-moi mes vêtements et mon argent !
16
Nous avons été assez généreux pour t'épargner, et maintenant, tu ne nous lâches plus.
17
Un brigand n'a pas de place pour la générosité.
Des actions semblables ne donnent pas de résultats semblables. On doit agir en accord avec la situation et non la forcer vers une issue précise.

Le Joueur malchanceux

Refuser la Nourriture d'un Voleur

s Souci
la Mort

Yang Bu bat un Chien

Vie et Immortalité

Charité ou Cruauté

Le Fort dévore le Faible

Déshonneur

1
Un pauvre homme mendiait au marché de Qi.
Merci !
2
Les gens furent fatigués de le voir tous les jours, et plus personne ne lui donna rien.
3
Il alla trouver un emploi de palefrenier dans les écuries de la famille Tian.
4
Ne penses-tu pas qu'il est déshonorant d'être palefrenier ?
5
Il n'y a rien de plus déshonorant que la mendicité. Si même mendier ne me déshonore pas, qu'en est-il de travailler aux écuries ?
!
Honneur, déshonneur ? Des idées que tout cela.

Richesse illusoire

Mauvaises Intentions

Mauvaises Pensées

Pensées de Révolte

Avoir des Oeillères

Table des matières

Achevé d'imprimer par Corlet, Imprimeur, S.A.
14110 Condé-sur-Noireau (France)
N° d'Imprimeur : 7167 - Dépôt légal : novembre 1994
Imprimé en C.E.E.